Copyright © 2012 Lucia Castello Branco
Copyright © 2012 Maria José Boaventura
Copyright © 2012 Autêntica Editora

EDIÇÃO GERAL
Sonia Junqueira (T&S – Texto e Sistema Ltda.)

PROJETO GRÁFICO E EDITORAÇÃO ELETRÔNICA
Christiane Costa

REVISÃO
Aline Sobreira

EDITORA RESPONSÁVEL
Rejane Dias

Revisado conforme o Acordo Ortográfico da Língua Portuguesa de 1990, em vigor n Brasil desde janeiro de 2009.

Todos os direitos reservados pela Autêntica Editora. Nenhuma parte desta publicação poderá ser reproduzida, seja por meios mecânicos, eletrônicos, seja via cópia xerográfica, sem a autorização prévia da Editora.

AUTÊNTICA EDITORA LTDA.

Belo Horizonte
Rua Aimorés, 981, 8º andar . Funcionários
30140–071 . Belo Horizonte . MG
Tel: (55 31) 3214-5700

Televendas: 0800 283 13 22
www.autenticaeditora.com.br

São Paulo
Av. Paulista, 2073, Conjunto Nacional,
Horsa I, 3º andar, Conj. 309
Cerqueira César . São Paulo . SP
01311–940
Tel.: (55 11) 3034–4468

Dados Internacionais de Catalogação na Publicação (CIP)
(Câmara Brasileira do Livro, SP, Brasil)

Castello Branco, Lucia
   O menino e a lágrima de Vênus / Lucia Castello Branco ; ilustrações Maria José Boaventura. -- Belo Horizonte : Autêntica Editora, 2012.

   ISBN 978-85-8217-035-9

1. Literatura infantojuvenil I. Boaventura, Maria José. II. Título.

12-10514   CDD-028.5

Índices para catálogo sistemático:
1. Literatura infantil 028.5
2. Literatura infantojuvenil 028.5

Lucia Castello Branco
Ilustrações: Maria José Boaventura

O menino e a lágrima de Vênus

autêntica

Para João e David,
meninos da lua de abril.

Para a mãe do menino
da lágrima de Vênus.

DIGAMOS que ele já fosse um menino grande
quando apareceu para mim.
Grande,
mas não tão enorme que não me permitisse
chegar até ele e dizer:
"Ô, menino, por que você chora assim?"

O menino chorava muito,
mas chorava pra dentro.
Por isso, talvez,
fosse ficando magrinho,
magrinho
e com cara de santo.

Ele costumava dizer,
às vezes,
quando nos encontrávamos:
"Ou você para de falar assim,
ou vou desidratar."
Eu achava graça disso,
de um menino desidratado
de tanto chorar pra dentro.

Achava graça de um menino grande e magrinho,
que gostava sempre mais de rir que de chorar.
E, porque era assim,
chorava mais pra dentro que pra fora,
quando não podia mais aguentar.

Não, ele não chorava muito de dor,
porque era forte, o menino.
Mas chorava de comoção, porque era fraco
pras belezas deste mundo.
E chorava pra dentro,
pra não incomodar ninguém.

Eu ficava curiosa
de ver um menino assim.
Porque desde sempre,
desde menina,
eu, Senhora das Lágrimas,
aprendera que meninos não choram.

Mas este chorava, e muito,
só que pra dentro.
E, quando ria,
(e ele ria muito também),
seu rosto se iluminava
como se fosse um dia de sol.

Foi por isso que,
talvez,
eu, tão Menina das Lágrimas,
tenha me tornado a melhor amiga do menino,
esse meu menino ilágrime.

Um dia ele me contou
do seu brinquedo de menino:
gostava de ficar sentado na varanda,
vendo a lágrima de Vênus cair.

A lágrima de Vênus
(eu depois saberia)
era a seiva de uma planta que caía,
todo dia,
em pleno meio-dia.

E o menino não brincava, nem mexia,
nem comia, nem bebia,
enquanto a lágrima de Vênus
não caía.

Então entendi tudo de uma vez só:
por que ele tinha aprendido a chorar pra dentro,
por que tinha medo de desidratar
e por que amava, de um jeito tão especial,
as meninas.

Esta
(ele me diria depois)
era a sua forma de ser poeta:
ver caírem,
uma a uma,
as lágrimas de Vênus.

Cresci,
desde menina,
pensando que o menino ilágrime
era um milagre da existência.

Cresci assim, ao lado dele,
menina,
aprendendo com ele
a ler nas estrelas,
a escrever nas águas
e a amar, em silêncio,
a lágrima de Vênus.

Por isso, talvez,
decidimos ser amigos para sempre:
eu-menina, ele-menino,
e entre nós o segredo de um milagre.

Eu-menina,
Ele-menino,
e a estrela de Vênus lá em cima:
mistério da vida nua
em sua matéria tão fina.

ENTÃO,
o menino que já era menino
antes de eu nascer
também não comia.

Tinha um jeito de não querer
que era mais que bem-querer
"É fastio" – ele dizia.

Em vez de comer, cantava.
Todas as canções do mundo ele cantava.
"É uma coisa horrorosa" – a mãe dizia,
porque ele cantava lindo:
menino pequeno cantando,
a gente em volta sorrindo.
(Mas ele não comia.)

A mãe,
todos nós em volta,
já não podíamos mais:
era cuscuz, bolo, torta,
abacaxi, ananás,
peixe, caruru, paçoca,
um tanto de tudo, um pouco e tudo
e tudo o mais.

Nem boi, nem peixe,
nem porco, nem frango,
nem qualquer dos vegetais.
O menino,
quando já não podia aguentar,
só queria leite, pão,
(manteiga não)
e nada mais.

A mãe e toda a família
achavam aquilo um tormento:
não saber o alimento
que servisse à fome dele.
Mas o menino sabia
que não nascera faminto:
"Sinto muito" – ele dizia,
"minha fome é poesia".

Ninguém compreendia
que fome era essa,
mas a mãe do menino sorria,
matreira,
e pensava:

"Vou pregar nele uma peça:
vou colocar um chocalho
na alça da mamadeira
e ver se não atrapalho
uma fome dessas."

(A mãe sabia,
desde sempre ela sabia
que fome de poesia
não passa assim, não sacia.)

E assim,
sem fome, sem alimento,
o meu menino crescia:
magrinho, teimoso, ousado,
caminhando contra o vento.

ACONTECE que o menino
que não chorava
e não comia
também não dormia.

E, de repente, anoitece.
A noite é longa, comprida,
às vezes cheia de sombras,
poucas vezes colorida.

E o menino atravessava,
tão pequeno, tão franzino,
muita noite mal dormida.
E não sonhava.

Apenas imaginava
que a noite dentro da noite,
o sonho dentro do sonho,
deviam guardar, no escuro,
algo de oculto, medonho.

E o menino tinha medo.
Medo de dormir tarde,
medo de acordar cedo,
medo de sonhar tudo,
medo de pesadelo,
medo de ter medo.

Tinha medo da barata
que atravessava o momento,
tinha medo da palavra
que cruzava o pensamento,
tinha medo do silêncio
que era o barulho do tempo.

Tinha medo do marulho
que era o barulho do mar.
Tinha medo de dormir,
tinha medo de sonhar
que era um menino sem medo
e então saltar.

Onde?
Longe,
em um lugar sem sentido
que esconde o tempo,
a memória, o esquecimento,
que esconde as vozes da história
que gritam, gemem baixinho
no ouvido
e não nos deixam dormir.

Então, insone,
o menino atravessava a noite
e a outra noite
e a outra,
até entender que só os que não têm medo
são capazes de esquecer o dia
e se meter no breu da noite
e seu segredo.

("Qual o segredo da noite?" –
eu perguntava ao menino,
eu que, então, só dormia,
só sonhava
e não sabia
que era ainda cedo,
para mim,
a travessia do medo.)

O menino não dizia.
Insistente, eu perguntava
e ele não respondia.
Eu, de longe, adivinhava
que aquela insônia precoce
tinha a ver com a poesia.

Mas ele nada dizia.
Atravessava, quietinho,
as suas noites sem luas,
estrelas cadentes
sem sóis.
(Sabia que, em maus lençóis,
para sempre dormiria.)

Até que ele descobrisse
a pontinha da alegria
em sua noite insone.
Sem fome,
sem lenço e sem documento,
o menino então tentava
sua vã estrepolia:
fazer do seu medo insano
uma dura travessia.

E assim ele atravessava
o medo, a noite, a preguiça,
também a melancolia
e, principalmente,
a ideia vaga
de uma vaga poesia.

Sabia que a tristeza era Senhora,
mas apostava, agora,
em outra filosofia.
E gritava:
"Alegria! Alegria!",
enquanto bebia,
aos golinhos,
a sua coca-cola.

Tudo bem,
eu compreendia:
menino ilágrime,
menino insone,
menino infome,
mas menino que não brinca
assim eu não conhecia.

E tentava.
Tentava, então, tentá-lo
em seu desejo escondido:
"Vamos brincar de esconder?
De pega-pega, de pique?
Vamos brincar de casinha,
de roda, de amarelinha?
Vamos brincar de pião,
De mocinho com bandido?"

Ele não queria.
Ficava ali parado
naquela varanda,
querendo o mormaço da tarde
e a sombra do avarandado,
querendo o sopro da noite
para sonhar acordado
com a lágrima de Vênus
do outro dia.

E, no dia seguinte,
olha ele ali de novo
olhando a planta chorar
e pensando o dia inteiro:
"o ovo ou a galinha,
o ovo ou a galinha,
o ovo...
Quem é que veio primeiro?"

Eu, menina,
não sabia.
E só queria saber
se ele tinha resolvido
brincar só ou escondido,
no fundo do pensamento,
ou em sonho,
em devaneio,
ou se veio a este mundo
apenas pra contemplar.

Mas o menino
não respondia.
Não dizia o que queria,
porque também não sabia.

Só ficava ali:
a tarde estendida
como um varal
e ele sonhando, afinal,
com a lágrima que não caía
antes do meio-dia.

(Então, pensei:
"se ele gosta da meia-noite
e espera o meio-dia,
quem sabe é das metades
e da meia brincadeira
que ele gostaria?")

(Será? Seria?
Meia-noite,
meio-dia,
meia-madrugada,
metade de tanto,
metade de tudo,
metade de nada...
Será isso a poesia?)

O menino, então,
saltou
de seu próprio avarandado
e me surpreendeu:
em sutil algaravia,
ele correu pela rua
com ar de gente feliz.

Passou
sob os aviões,
ao lado dos caminhões,
e levantou o nariz:
"E eu? E eu? E eu?" – ele
perguntava.
Mas, na pergunta, afirmava,
sem me fazer entender:
"Sou eu só, eu só, eu só,
eu e você."

Então, entendi:
você lá,
eu aqui.

Eu, menina das lágrimas,
você, poeta.
Eu, a evidência do que eu nunca vi:
uma seta atravessando o coração da paisagem,
uma flor chorando a seiva
e um menino com coragem
de suportar o momento
do que depois vai cair.

A estrela, a noite escura,
o sereno, a madrugada,
o pequeno, a alvorada,
metade de tudo,
metade de nada,
fulgor de beleza pura.

Eu, beira de mar,
você, ranhura da montanha,
eu, maresia,
você, poema,
eu, poesia.

"Onde andarás nesta tarde vazia?" –
eu perguntava depois,
quando o menino sumia.
"Estará triste?" – eu pensava.
"Ainda em algaravia?"

O menino, como sempre,
não respondia.
Mas cantava:
"nem alegre, nem triste,
sou poeta",
enquanto outra seta atravessava,
para sempre, seu coração
galinha de leão vagabundo.

E todo mundo o seguia,
na avenida, em passeata:
"Por que não?" – ele dizia.
"Sou poeta, sou poema,
sou poente, sou poata."

(Foi assim que, tão pequena,
eu-menina-poesia,
atravessei com ele,
em silêncio,
a noite fria).

Sobre este livro

Quando li o delicioso relato de Dona Canô, em suas *Lembranças do saber viver*, colhidas por Antônio Fernando Guerreiro de Freitas e Arthur de Assis, fiquei parada em uma de suas memórias de família. Era uma cena de Caetano Veloso, ainda menino, que ela relatava com a sutileza de um olhar todo seu: "No meio do terraço tinha uma planta com umas folhas assim, parecendo de bromélia, mas não era, e dava uma flor, um lírio, chamava-se Lágrima de Vênus, que, quando abre, cai uma lágrima."
A história prosseguia em ritmo de narrativa oral, e se encerrava numa frase coloquial, atribuída a Caetano: "– Tô vendo a lágrima cair. Não vou sair daqui não, enquanto a lágrima não acabar de cair."
A frase, já envolvida em ternura, não se comparava à ternura desse olhar de

mãe de poeta, que Dona Canô
parece sempre ter tido. E então, ao
escutá-la assim, destacada de seu
contexto, pus-me a devanear sobre
esse menino poeta que tantas vezes
me fez chorar com suas canções.
E assim fui me deixando levar:
da lágrima de Vênus ao menino
ilágrime, do menino poeta às cenas
de amor ímpar que atravessam
a infância e o olhar infantil. Por
fim, tive a certeza de que minha
comoção se devia não só à poesia
do menino, mas sobretudo ao
poema já antecipado no olhar de
sua mãe. E tentei dizer, evocando as
palavras de Caetano, o meu poema
para essa aberta flor do amor:
"E brilhas dentro, aqui."

A autora

A autora

Nasci no Rio de Janeiro, em 1955, cidade que guarda para mim, até hoje, a memória de meu pai, que era paulista, mas me ensinou a amar o sal e o sol sobre o corpo, e também as sombras. Foi por causa de meu pai, também, que vim para Belo Horizonte, ainda adolescente, e fiz, nesta cidade, muitos laços fortes: os amigos, o trabalho, e meus dois filhos, mineiros.

Dizem que me amineirei. E eu sorrio, quando escuto isso, porque meu coração é carioca, mas minha alma, creio, sempre foi mineira. Sei que, sobretudo, sou brasileira, brasileiríssima, embora às vezes me sinta um tanto estrangeira. Por isso, talvez, tenha ensaiado morar, por duas vezes, nos Estados Unidos, e uma vez em Portugal, países onde fiz o mestrado e dois estágios de pós-doutorado.

Desde menina soube que era escritora, mas nunca me imaginei escrevendo para crianças. Hoje, tenho certeza da superioridade da literatura infanto-juvenil, que sempre me acontece por puro dom. Acho que foi também por puro dom que este livro me aconteceu. Assim como foi por uma espécie de graça que um dia encontrei, de perto, Dona Canô e seus filhos.

Agradeço à vida, e à psicanálise, ter aprendido tão cedo que mãe é para sempre. Mais tarde, constatei a força dessa aprendizagem, no encontro com Dona Canô e suas memórias.

Por reconhecer a força das aprendizagens, terminei por admitir, depois de algum tempo, que não sou apenas escritora, mas também professora. Hoje sou Professora Titular em Estudos Literários na Faculdade de Letras da UFMG e sorrio, com ternura, quando uma amiga querida, apenas uma, me chama, publicamente, de "Professora Lucia".

Lucia Castello Branco

A ilustradora

Nasci em Pirapora, norte de Minas, em 1952, à beira do Rio São Francisco, onde vi o Brasil subir e descer suas águas com grande diversidade de tipos humanos, sotaques, coloridas bagagens e viajadas histórias; a observar e desenhar a natureza, figuras e elementos, seus ciclos, suas luzes.

Em Belo Horizonte, cursei a Escola de Belas Artes da UFMG especializando-me em Desenho e Pintura, em 1976.

Lecionei no Curso de Educação Artística da Universidade Federal de Rio Grande, no Rio Grande do Sul, até 1979.

Morei em São Paulo nos anos oitenta, onde me dediquei à ilustração e artes gráficas para várias editoras e publicações.

Realizei exposições individuais, participei de salões de arte e de exposições coletivas no país e no exterior. Tive vários trabalhos publicados e premiados como artista, ilustradora e autora, entre eles o Prêmio Jabuti, da Câmara Brasileira do Livro, 1987; o Prêmio Luís Jardim: Melhor Livro de Imagens de 1988, da Fundação Nacional do Livro Infantil e Juvenil (FNLIJ), 1989; e Menção Honrosa: FNLIJ, 1989.

Minas me chamou de volta à sua calma, suas montanhas, sua paisagem humana e sua história. Desde 1984, vivo em Tiradentes. Aqui, participei da Casa de Gravura Largo do Ó, na produção, memória e difusão de edições de arte e ainda do Instituto Cultural Biblioteca do Ó, criando e realizando saraus de poesia, eventos literários, oficinas de leitura e exposições de arte.

Vivo entre a criação artística, pintura e desenho, a ilustração e a produção de literatura infanto-juvenil, o ensino de arte e projetos de cultura e educação.

Ilustrar *O Menino e a Lágrima de Vênus* foi voltar à contraluz das paisagens de dentro pra fora, da infância e da adolescência, tecer emoções e aquarelar as entrelinhas de tão belo texto. Viajando entre imagens e palavras, tantas leituras me levaram a manter vivas e límpidas as águas do rio da memória.

Maria José Boaventura

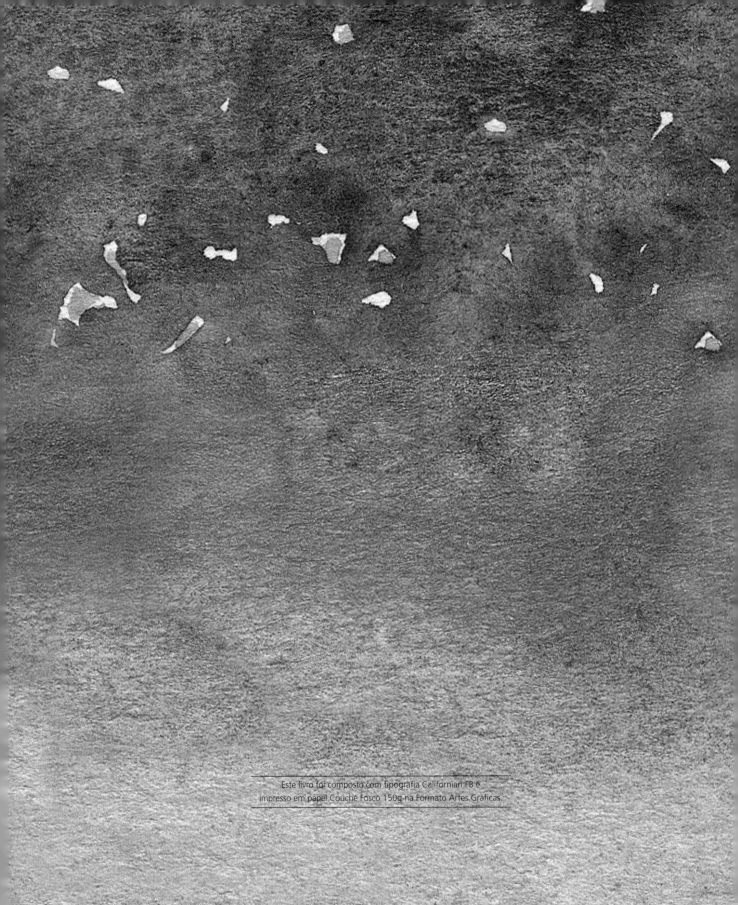

Este livro foi composto com tipografia Californian FB e impresso em papel Couché Fosco 150g na Formato Artes Gráficas.